Werkstatt d
Thutmosis
Südliche
Wohnsiedlung
Kleiner
Aton-Tempel
Süden
Grosser
Palast
Königlicher
Hafen
Westen

Wir danken den Staatlichen Museen zu Berlin,
besonders Dietrich Wildung und Olivia Zorn,
für die freundliche Unterstützung, außerdem Felix Oehler
und Louis D. Nebelsick.

1. Auflage

edition.SABA Tucholskystraße 47 10117 Berlin
www.edition-saba.de

Satz und Layout: Martha Hammerschreck
Gesamtherstellung: Offizin Andersen Nexö Leipzig
Printed in Germany
ISBN 978-3-9810097-9-8

Bildnachweis
Archiv Stiftung Preußischer Kulturbesitz: Seite 38-39;
alle anderen: Archiv der edition.SABA

Geprüft auf die Regeln der neuen deutschen Rechtschreibung
durch die Sprachberatung am Germanistischen Institut
der Martin-Luther-Universität Halle-Wittenberg

Nofretete muss getröstet werden

Marias Abenteuer in Ägypten

für

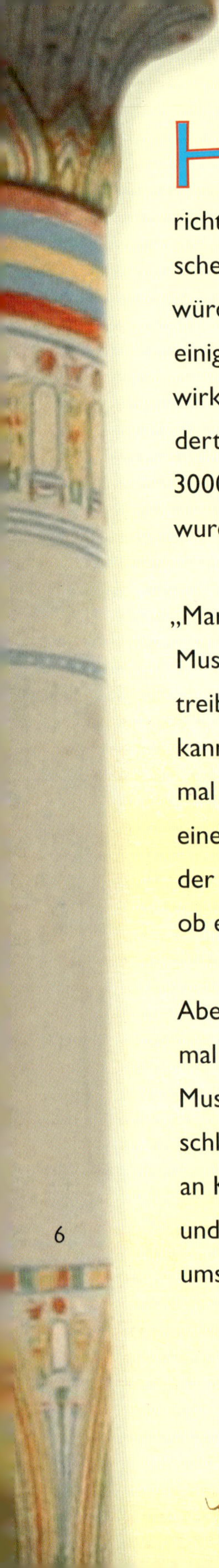

Hallo, hier bin ich wieder, Maria aus Berlin. Seit Wochen warte ich auf den richtigen Moment. Aber wahrscheinlich kann man gar nicht darauf warten. Wahrscheinlich wird er einfach kommen, wenn ich es am wenigsten erwarte … Ich würde so gerne mal wieder in eine andere Zeit reisen! Das ist mir ja auch schon einige Male gelungen. Aber nun ist so lange nichts passiert und ich frage mich wirklich, woran es liegt. Am liebsten würde ich nicht nur Jahrzehnte und Jahrhunderte überwinden, sondern Jahrtausende … Wie haben die Menschen wohl vor 3000 Jahren gelebt? In Berlin war damals sicher noch nicht allzu viel los. Die Stadt wurde ja erst vor knapp 800 Jahren gegründet, aber in Indien oder in Ägypten …

„Maria kommst du endlich?" Mein Vater! Er kann es kaum erwarten, mich ins Museum zu schleppen. Ich habe nichts gegen Museen, aber meine Eltern übertreiben es vielleicht doch ein bisschen. Mein Vater ist Archäologe und natürlich kann er sich nichts Spannenderes vorstellen, als Scherben auszugraben. Manchmal steht er ganz entzückt vor irgendeiner Museumsvitrine, zeigt mir irgend so einen braunen, leblosen Topf und fängt an zu schwärmen: „Guck mal, der ist aus der Bronzezeit!" Ich will ihm natürlich den Spaß nicht verderben und tue so, als ob es mich interessiert. Das ist ganz schön anstrengend!

Aber die Fahrradtouren mit meinem Vater quer durch Berlin, die liebe ich. Diesmal fahren wir zur Museumsinsel. Das ist eine Insel mitten in der Stadt mit fünf Museen darauf. Früher wohnte gleich gegenüber der König in seinem Stadtschloss. In den Museen bewahrte er seine Schätze auf; alles, was man in der Welt an Kostbarkeiten zusammengetragen hatte. Das Schloss wurde später abgerissen und Könige und Kaiser gibt es in Deutschland schon lange nicht mehr. Die Museumsinsel aber ist geblieben und manches dort ist viele tausend Jahre alt.

MUSEUMSINSEL BERLIN
BODE-
MUSEUM
PERGAMON-
MUSEUM
NEUES
MUSEUM
NATIONAL-GALERIE
ALTES MUSEUM

„Jetzt zeige ich dir die schönste Frau Berlins“, meint Papa, als wir unsere Fahrräder vor dem Museum abstellen. „Ich dachte, Mama ist die schönste Frau Berlins!“, antworte ich beleidigt. „Ja, du hast Recht, aber die zweitschönste Frau Berlins steht im Museum.“ „Da bin ich aber gespannt!“ Wir betreten einen Raum und sind mitten in Ägypten. Das erkenne sogar ich. Auf den ausgestellten Reliefs sind die Menschen alle von der Seite dargestellt. Manche tragen Perücken und enge Kleider. In einer Vitrine sehe ich ein dickes türkisfarbenes Nilpferd und einen grün schimmernden Käfer. „Das ist ein Mistkäfer oder auch Skarabäus genannt“, erklärt mein Vater. „Die Ägypter liebten Tiere und manche verehrten sie sogar als Götter.“ „Es gibt doch nur einen Gott!“, sage ich. „Nicht bei den Ägyptern und vielen anderen antiken Völkern! Die hatten Unmengen von Göttern.“

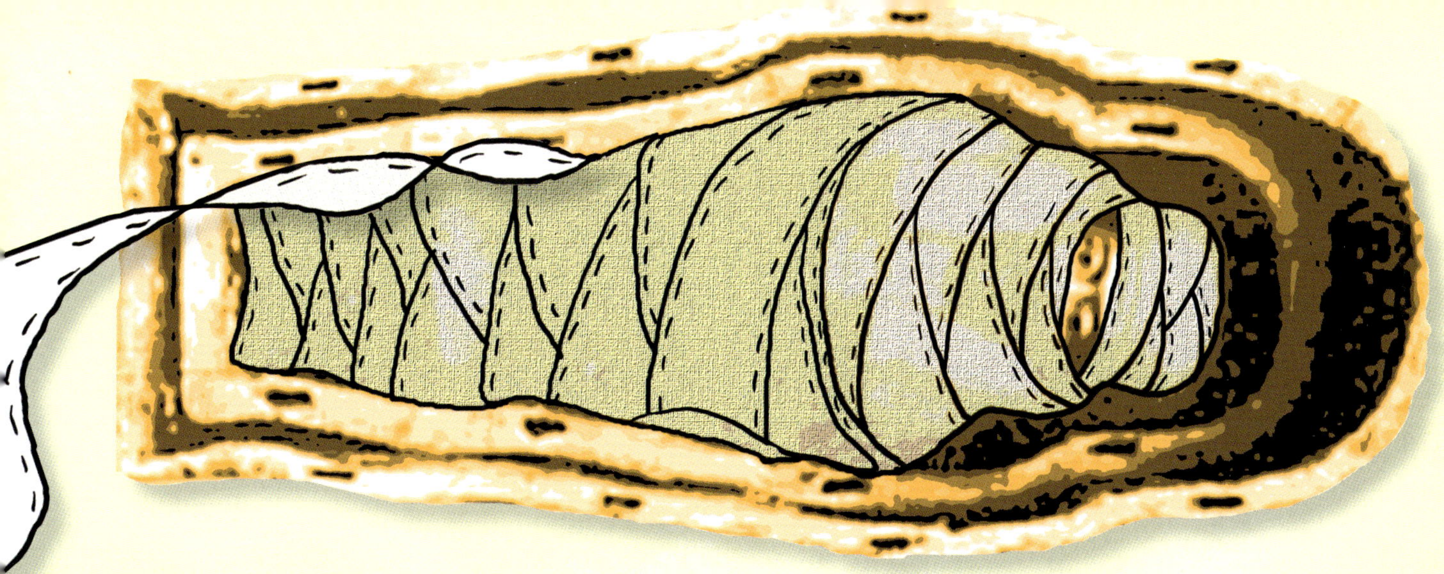

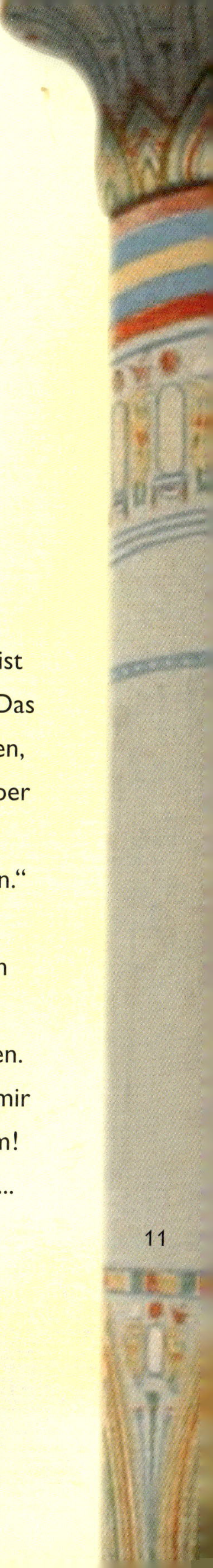

„Und was ist das da drüben?“ Ich zeige auf eine Menschendarstellung mit Hundekopf. „Das ist auch so ein ägyptischer Gott. Er heißt Anubis und er begleitete die Verstorbenen ins Totenreich.“ Gruselig! „Das ist noch gar nichts“, setzt mein Vater noch eins drauf. „Die Ägypter glaubten an ein Leben nach dem Tod.“ „Das tun wir heute doch auch!“, meine ich. Aber mein Vater weiß es besser. „Nein, nicht so wie wir. Sie glaubten, dass sie in ihrem Körper weiterleben würden. Deswegen haben sie auch alles Mögliche getan, um die Körper der Toten zu erhalten. Sie haben sie drei Monate lang in Natron gelegt, mit bestimmten Ölen eingerieben und schließlich in Stoff gewickelt. Denn mit einem kaputten Körper konnte man im Jenseits nichts anfangen.“ „Sprichst du von Mumien?“, frage ich und bekomme eine Gänsehaut. „Genau!“ Mein Vater freut sich über mein Interesse: „Ja, man nennt solche schön konservierten Körper Mumien. Für Archäologen sind Mumien natürlich wunderbare Funde.“ „Kann ich mir vorstellen“, antworte ich schaudernd. „Du bist ja ganz blass“, sagt mein Vater plötzlich. Na, endlich hat er gemerkt, dass mir seine Geschichten ganz schön Angst machen. „Tut mir leid“, meint er entschuldigend, „ich wollte es dir ja nur erklären.“ „Schon gut, Papa! Jetzt hast du mir von lauter verschrumpelten Mumien erzählt, wo ist denn nun die wunderschöne Frau?“ „Dreh dich mal um! Das ist Nofretete!“ Jetzt redet er wie ein Fernsehmoderator, der den Star der Sendung präsentiert, aber ...

Er hat wirklich Recht. Das ist die schönste Frau, die ich je gesehen habe – meine Mama natürlich ausgenommen! Nofretete hat zwar nur ein Auge, aber sie ist perfekt, mit ihrer hellbraunen Haut, dem schlanken Hals ... „Nofretete heißt übrigens ‚die Schöne ist gekommen'", höre ich meinen Vater aus dem Hintergrund schwärmen. Nofretete lächelt ein bisschen spöttisch. Wahrscheinlich, weil alle Museumsbesucher sie angaffen wie das achte Weltwunder. Aber eigentlich ist sie das auch. Sie ist wirklich wunderschön ...

Plötzlich wird es wahnsinnig hell und heiß. Auch die Geräusche haben sich verändert. Weit entfernt höre ich das Rauschen eines Flusses, Vogelgezwitscher, Stimmen ... „Wie lange dauert das denn noch?", fragt eine Frau ungeduldig. „Wir sind fast fertig", antwortet eine dunkle Männerstimme. Die Sonne steht hoch am Himmel. Ich schwitze und sehne mich nach meiner Sonnenbrille. Aber bevor ich sie in meiner Tasche suchen kann, beschleicht mich ein unheimliches Gefühl: Ich bin offensichtlich nicht mehr im kühlen Museum! Alles flirrt. Nur allmählich gewöhnen sich meine Augen an die Umgebung.

Ich stehe in einem von Säulen umgebenen Innenhof. Ein paar Meter von mir entfernt sehe ich einen Mann im Lendenschurz und einem Meißel in der Hand. Er ist offensichtlich Bildhauer. Auf großen Holzregalen stehen mehrere Büsten und Reliefs. Viele von ihnen zeigen einen seltsam aussehenden Mann mit sehr langem Hals und wulstigen Lippen. Auf einem Tisch vor dem Bildhauer sehe ich die halbfertige Büste, die ich aus dem Museum kenne. Auch die Frau, die ein paar Schritte entfernt auf einer Art Thronsessel sitzt, kenne ich: Nofretete! Der Bildhauer streicht den Gips über den Wangen der Büste glatt. Stolz schaut er auf seine Arbeit. „Es ist ein Meisterwerk! Nie zuvor hat es solche Kunstwerke gegeben!“ Nofretete klatscht glücklich in die Hände und erhebt sich von dem thronartigen Stuhl. „Du hast es wirklich geschafft, Thutmosis! Das bin ich! Aber was ist mit dem linken Auge? Das fehlt ja noch!“ Thutmosis lacht. „Das setze ich erst ein, wenn Königliche Hoheit mir erlauben, noch drei weitere Büsten zu modellieren.“ „Thutmosis, du weißt, das ist unmöglich, ich habe zu wenig Zeit ...“ In diesem Moment schaut Nofretete genau in meine Richtung. „Sieh mal Thutmosis, wir haben Besuch“, raunt sie dem Bildhauer zu. Sie hat mich entdeckt! Und ich würde am liebsten gleich im Boden versinken. Was soll ich denn jetzt tun? Ich befinde mich diesmal wirklich in einer absolut fremden Welt, von der ich überhaupt keine Ahnung habe. Aber bevor ich Zeit habe, mir über all das Sorgen zu machen, zwinkert mir Nofretete zu und fragt mich sehr freundlich: „Woher kommst du denn?“ Sie ist in Wirklichkeit noch schöner, als die Büste im Museum vermuten lässt, vor allem weil sie mich so nett anlächelt. „Ich komme aus Berlin! Das ist in Deutschland – und Deutschland liegt in Europa“, stammle ich, um ihre Frage zu beantworten. Die Königin sieht mich belustigt an: „Diese Orte kenne ich nicht, ich glaube Berlin gehört nicht zu den Ländern, die uns Tribut leisten ... egal! Willkommen jedenfalls im Zentrum der Welt, in der größten und schönsten Stadt, die Menschen je gebaut haben: Achet-Aton!“ Sie kommt auf mich zu und streicht mir plötzlich durch die Haare. „Sieh mal, Thutmosis“, lacht sie und wendet sich dem Bildhauer zu, „sie hat rote Haare! So etwas habe ich ja noch nie gesehen! Das wäre doch mal eine hübsche Farbe für unsere Perücken!“ Aber Thutmosis ist schon wieder versunken in seine Arbeit.

„Na komm!“, ruft mir Nofretete zu. „Wo auch immer du herkommst, ich werde dich meinen Töchtern vorstellen.“ Energisch führt sie mich zur Tür. „Steig ein!“, befiehlt sie. Wie bitte? Hier steht kein Auto und kein Wagen. Nur ein seltsames Gestell und zwei kräftige Männer, einer davor und einer dahinter … Ach so, das ist wohl eine Sänfte. „Glaubst du, ich kann zu Fuß durch die Straßen gehen, wie das normale Volk?“, fragt Nofretete und steigt in den mit Tüchern verhängten Kasten. Ich setze mich neben sie. Sie duftet herrlich. Dann geht es los. Es ist ein wenig, als wäre man auf See. Mir tun die beiden Männer leid, die uns in dieser Hitze tragen müssen. Durch einen Spalt zwischen den Vorhängen kann ich eine großartige Stadt erkennen: überall Säulen, breite Straßen, bunt gekleidete Menschen, die Krüge auf dem Kopf tragen. „Das ist Achet-Aton, die Stadt unseres großen Gottes Aton“, erklärt mir Nofretete und sie erzählt, dass Achet-Aton in nur drei Jahren aus dem Wüstensand gestampft wurde. „Mein Mann, der mächtige Pharao Echn-Aton hat sie bauen lassen.“ „Echn-Aton! Ist das der, dessen Büste ich vorhin im Atelier des Thutmosis gesehen habe? Der mit dem mageren Hals, dem Hängebauch und dem langen Kopf?“, frage ich und mache die entsprechenden Handbewegungen dazu. Nofretete muss lachen. „Ja, das ist er. Er ist ein ungewöhnlicher Mann, nicht nur, was sein Aussehen betrifft. Er hat Ägypten völlig umgestaltet, und das will was heißen. Ägypten ist in aller Welt bekannt dafür, dass sich hier jahrhundertelang gar nichts geändert hat. Aber damit ist jetzt Schluss!“

Ich spüre einen leichten Ruck. Die Träger haben die Sänfte auf den Boden gesetzt und wir steigen aus. Sofort sind wir umringt von Dienern, die uns Wasser reichen und uns mit Palmenwedeln Luft zufächeln. Wir stehen vor einem künstlichen rechteckigen See, der inmitten eines paradiesischen Gartens liegt. In den Büschen rundherum sitzen bunte Vögel und im Hintergrund erkenne ich ein prächtiges Gebäude. Das muss wohl der Palast sein.

„Sieh mal, sie hat rote Haare!“ Schon wieder werde ich aus meinen Träumen gerissen! Auf dem See kommt uns ein goldenes – ja wirklich! – ein goldenes Schiffchen entgegen, in dem drei ausgelassen kichernde Mädchen sitzen. Als sie das kostbare Boot an Land ziehen wollen, kommt ihnen sofort eine Schar eifriger Diener zu Hilfe, mit Handtüchern, Getränken, Datteln und allem, was eine Prinzessin für ein komplett sorgenfreies Leben braucht. „Darf ich vorstellen? Meine drei ältesten Töchter: Merit-Aton, Maket-Aton und Anchesenpa-Aton.“ „Hallo, ich bin Maria aus Berlin!“ Die drei Mädchen, von denen die mittlere wohl in meinem Alter ist, sehen mich kein bisschen verwundert an. Wahrscheinlich empfangen sie ständig Menschen aus aller Welt …

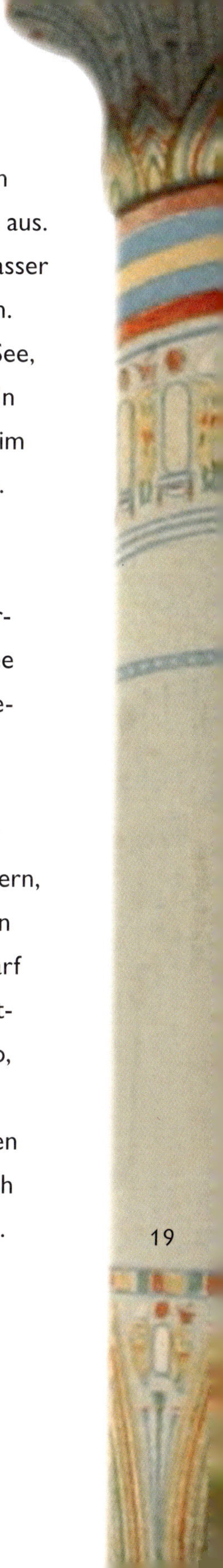

In diesem Moment kommt atemlos ein Bote auf uns zu und macht eine Ankündigung: „Darf ich der königlichen Nofretete die Ankunft von Besuchern aus Punt, Kreta und aus Byblos melden? Insgesamt 131 Kamele beladen mit Gold, Gewürzen, edlen Steinen …“ „Schon gut!“ Nofretete unterbricht den Mann, der demutsvoll vor ihr auf die Knie gesunken ist. „Sage ihnen, der Wesir wird sie empfangen. Wir haben hier Besuch aus der fernen Stadt Berlin, um den wir uns kümmern müssen.“ Ich fühle mich geehrt, aber ich ahne schon, dass man für diese Ehre auch etwas tun muss und wirklich …

„Was hast du uns mitgebracht?“, rufen die drei Prinzessinnen im Chor. „Wir lieben Gastgeschenke!“ Jetzt werde ich auch noch rot im Gesicht und wühle in meiner kleinen Umhängetasche. Gold habe ich natürlich nicht dabei, aber: eine Sonnenbrille. Froh, etwas gefunden zu haben, reiche ich sie der ältesten Prinzessin. „Was macht man damit?“ Sie sieht mich fragend an. Ich setze ihr die Brille auf und plötzlich wird sie ganz still. Sie starrt auf den Garten, dann auf den Palast, dann in die Sonne – viel zu lange, wie ich finde. Da macht man sich doch die Augen kaputt! Dann nimmt sie die Brille ab und reicht sie ihrer Mutter. „Das ist fantastisch! Noch nie habe ich Aton so gut sehen können wie mit diesem Instrument!“

Nofretete setzt die Brille auf und nach ein paar Momenten absoluten Schweigens verkündet sie zum Ärger ihrer Tochter: „Das Aton-Auge gehört mir!“ Enttäuscht schaut Merit-Aton auf den Boden. Glücklicherweise fällt mir ein, dass ich noch mehr Geschenke in der Tasche habe: drei kleine weiße Plüschbären aus dem Berliner Zoo, die ich eigentlich meinen drei kleinen Neffen schenken wollte. Die Prinzessinnen sind entzückt. Eisbären kennen sie nicht, aber da sie wissen, dass Ägypten groß und die Welt noch größer ist, überrascht sie auch die Existenz von weißen Bären nicht. „Ich werde meinen Tut nennen, nach unserem Halbbruder“, meint die jüngste. „Schau, da hinten ist er.“ Ein kleiner Junge mit großen Augen jagt einem Äffchen nach, dass ihm wohl gerade eine Puppe geklaut hat. Irgendwo habe ich ihn schon einmal gesehen. Seltsam, sein Gesicht kommt mir wirklich bekannt vor. Aber schon wieder werde ich am Arm gepackt und folge der königlichen Familie in den Palast. Ungefähr hundert Diener begleiten uns. Nofretete setzt ihre blaue Lederkappe auf, die sie vorhin im Atelier des Bildhauers getragen hat. Und die Sonnenbrille behält sie natürlich. Erst jetzt bemerke ich einen Ausdruck von Traurigkeit um ihren Mund, der mir vorhin gar nicht aufgefallen ist.

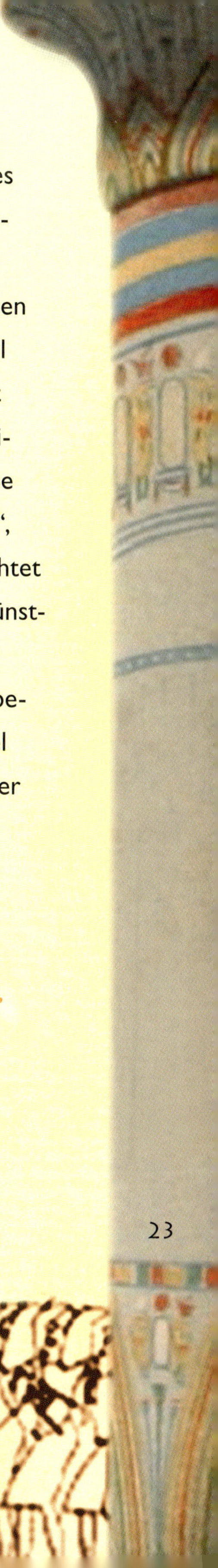

Nach etwa einer Viertelstunde haben wir eine überdachte Brücke erreicht, die zwei Teile des Palastes über eine große Straße hinweg miteinander verbindet. „Achtung! Jetzt kommt die große Abendshow", flüstert mir Merit-Aton ins Ohr. Das Königspaar zeigt sich dem Volk. Von der Brücke aus können wir durch große Fenster nach unten sehen. Hunderte von Menschen drängen sich in den Straßen und versuchen einen möglichst guten Platz nahe der Brücke zu erwischen - ein entsetzliches Durcheinander! Lautes Gemurmel dringt zum Palast herauf. Auch auf der Brücke steigt die Aufregung. Der Pharao kommt! Er wird begleitet von seinen Dienern und den Wedelträgern, die ihm von allen Seiten Luft zufächeln. „Lach nicht, Maria", kichert Merit-Aton hinter mir, die merkt wie komisch ich das alles finde. „Wedelträger zu sein ist eine große Auszeichnung. Kaum einer kommt dem Pharao so nahe wie ein Wedelträger." „Das muss ich mir merken", antworte ich und muss immer noch lachen. Echn-Aton ist natürlich schon von meinem Kommen unterrichtet und begrüßt mich freundlich. Ganz so schlimm wie auf den Reliefs vorhin sieht er nicht aus. Da hat der Künstler wohl ein bisschen übertrieben! Ich habe ihn trotzdem sofort erkannt mit seinem langen Hals und den wulstigen Lippen. Er wirkt müde und ziemlich melancholisch. Echn-Aton und Nofretete umarmen sich liebevoll. Dann bittet Echn-Aton seine Töchter und mich, Platz zu nehmen. Plötzlich verstummt das Gemurmel unten auf der Straße. Alle warten auf die Worte des Pharao. Echn-Aton wendet sich an sein Volk, indem er mit erstaunlich kräftiger Stimme einen Gesang anstimmt:

Aton! Schön strahlst du im Licht des Himmels,
Du bist schön und mächtig und funkelst prächtig.
Alles erfüllst du mit deiner Schönheit.
Du lebende Sonne ...
Du bist fern und doch so nah
durch deine Strahlen ...

Offensichtlich ist das Lied der Sonne gewidmet, die hier als Gott ‚Aton' verehrt wird. Aha, jetzt verstehe ich, warum meine Sonnenbrille hier der absolute Renner ist … Komisch, von diesem Gott Aton habe ich noch nie was gehört. Und doch scheint hier in Achet-Aton alles nach ihm benannt zu sein. Die ganze königliche Familie und sogar die Stadt selbst trägt seinen Namen. Und Tausende sind gekommen, um ihn zu ehren.

Das Beste aber ist: Ich bin dabei und fühle mich fast schon wie eine ägyptische Prinzessin! Vielleicht sollte ich mich Mari-Aton nennen?

Wenn mein Vater das alles wüsste! Ich glaube, er kann sich gar nicht so richtig vorstellen, wie es im Alten Ägypten wirklich zuging. Oder habt ihr etwa eine Ahnung, wie wunderbar sich so ein ägyptischer Palast zum Versteckspiel eignet? Nach Echn-Atons Ansprache haben wir es ausprobiert!

So ein Palast ist wie ein riesengroßes Labyrinth. Vor allem die Vorratsräume sind wunderbar. Da stapeln sich tausende von Tonkrügen mit Wein und Öl und Bier und Fisch und da liegen Tonnen von Getreide herum, alles zur Versorgung dieses gigantischen Palastes. Zuerst hat sich Merit-Aton hinter einem Stapel aus Baumwollstoffen versteckt und mich als weißes Gespenst erschreckt. Aber ich habe mich gerächt und mich in einen riesigen leeren Tonkrug gesetzt. Als ich das Getrippel der Prinzessinnen hörte, habe ich heulende Geräusche von mir gegeben. Das klang furchtbar und die Prinzessinnen hatten schon Angst, der Palast sei von bösen Geistern heimgesucht. Nach diesem Schreck haben sie sich aber schnell wieder erholt und weitergespielt.

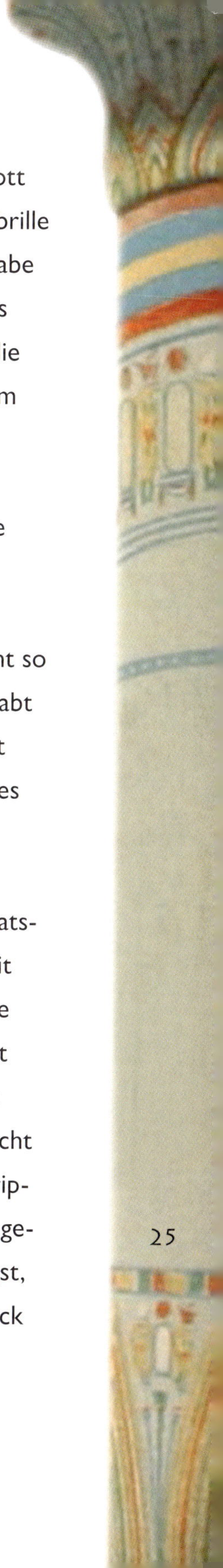

Nun bin ich auf der Suche nach dem ultimativen Versteck. Vielleicht hinter diesem Gang mit den gemalten Schmetterlingen an den Wänden? Plötzlich höre ich ein Schluchzen ganz in der Nähe. Die Tür zu dem Raum, aus dem das Schluchzen kommt, steht halb offen. Ein wenig unheimlich ist mir schon, aber ich trete ein: Da sitzt Nofretete inmitten eines Berges von bunten Kissen und weint. Die Sonnenbrille hat sie abgelegt. Was ist los? Ich nehme ihre Hand und versuche sie zu trösten? „Ich bin froh, dass du gekommen bist, Maria“, schluchzt sie und bittet mich, neben sich Platz zu nehmen. „Vielleicht kannst du mir helfen. Hier versteht mich keiner und meine Familie möchte ich mit meinen Tränen nicht verunsichern.“ Ich blicke sie verständnislos an. Gerade noch habe ich erlebt, wie sie als mächtigste Frau der Welt bejubelt wurde! Jetzt kommt sie mir vor, als würde sie ein großes Unglück erwarten.

„Ich glaube, dass hier bald alles zusammenbricht“, flüstert sie unter Tränen. „In ein, zwei Jahren werden sie die Aton-Tempel zerstören und wieder zu ihren Göttern zurückkehren. Ich habe zu viel von den Ägyptern verlangt und auch von meinem Mann.“ „Das heißt, du hast diesen Aton-Kult eingeführt?“, frage ich erstaunt. Nofretete sieht mich traurig an. „Ich wünschte, ich hätte es bleiben lassen! Aber in meiner Heimat verehrt man den Sonnengott und keine anderen Götter neben ihm. Ich habe all diese Krokodil-, Katzen- und Kuhgötter, die die Ägypter hatten, abschaffen lassen und Echn-Aton war auf meiner Seite, weil ihm die Vorstellung von einem einzigen Gott gefiel. Aber die Priester der alten Kulte werden wieder stärker und ich fürchte, bald werden sie die Oberhand gewinnen. Alles, was wir aufgebaut haben, werden sie zerstören und bald wird sich keiner mehr an uns erinnern.“

Langsam wird mir klar, dass Echn-Aton und Nofretete wirklich viele Feinde haben müssen – wie alle Menschen, die die Welt verändern wollen. „Findest du es schlimm, wenn man versucht, die Menschen von ihrem Aberglauben zu befreien und die Welt durch Kunst schöner zu machen?“, fragt mich Nofretete. Ich schüttle heftig den Kopf. „Nein natürlich nicht, ich finde das vollkommen in Ordnung.“ Nofretete wirkt erleichtert. „Früher haben sich die ägyptischen Pharaonen ihr ganzes Leben lang mit dem Tod beschäftigt“, erzählt sie weiter, „und sie haben einen Großteil ihres Vermögens für aufwändige Gräber ausgegeben. Wir dagegen haben versucht, mit unseren Kindern ein sinnvolles und glückliches Leben zu führen.“ Wieder beginnt sie zu schluchzen und ich würde sie so gerne trösten, aber wie? Offensichtlich hat sie wirklich niemanden, dem sie das alles erzählen kann, es wäre wohl zu gefährlich. Umso erstaunter bin ich, als die Königin mir ihr Herz noch weiter ausschüttet. „Manchmal zweifle ich an allem, was wir gemacht haben, und zu allem Überfluss plagt mich seit Wochen immer wieder dieser schreckliche Traum.“ Ich reiche ihr eines meiner Taschentücher. Sie nimmt es dankbar entgegen, wischt sich ein paar Tränen ab, betrachtet kurz das Papiertaschentuch – so etwas hat sie wahrscheinlich noch nie gesehen – dann spricht sie weiter: „Ich träumte, dass ich über ein großes schwarzes Wasser fahre. Weit weg, weiter, als je ein Mensch gefahren ist, bis ans Ende der Welt. Wenn ich nur wüsste, was dieser Traum bedeutet! Vielleicht ist es die Strafe der Götter?“

Glaubt Nofretete wirklich, dass ich ihr diese Frage beantworten kann? Ich habe keine Ahnung, weder von Göttern noch vom Ende der Welt, und langsam wird mir das alles hier auch ein bisschen zu viel. Glücklicherweise stehen plötzlich Nofretetes Töchter in der Tür. „Maria! Da bist du ja!“ Endlich haben sie mich gefunden. Nofretete setzt schnell die Sonnenbrille auf, damit die Mädchen ihre Tränen nicht sehen. Ich merke, dass ich entsetzlich müde bin. „Merit-Aton, kümmere dich bitte um Maria, und bringe sie zu ihrem Zimmer!“ befiehlt Nofretete und wirkt wieder sehr königlich, so, als wäre nichts geschehen.

Merit-Aton führt mich durch endlose Gänge bis zu einem hübschen, von kleinen Öllämpchen erleuchteten Gästezimmer, in dem schon drei Dienerinnen auf mich warten: Die erste reicht mir einen Krug mit Wasser zum Waschen, die zweite reibt mich mit duftenden Ölen ein und die dritte hüllt mich in ein feines Nachthemd. Ich schlafe sofort ein und habe einen seltsamen Traum. Auf einem dicken blauen Nilpferd reite ich den Nil hinunter. Ich muss das Tier ständig mit Gummibärchen füttern, sonst bleibt es stehen, und eine ganze Schar von seltsamen Gestalten ist hinter mir her. Es sind Hunderte und sie rufen mir zu: „Vergiss uns nicht, wir kommen wieder!“ Es klingt gruselig, vor allem weil sich der Gesang mit dem Geheul des Windes aus der nahen Wüste vermischt. Das Nilpferd bekommt noch eine Portion Gummibärchen und läuft wirklich ein bisschen schneller, aber ich kann die Gestalten nicht abschütteln. Es sind wohl die ägyptischen Götter, die Nofretete aus den Tempeln verbannt hat, eine unendliche Menge von meist tierköpfigen Wesen. Nur einige kenne ich: den schakalköpfigen Anubis, die katzenköpfige Basthet, die kuhköpfige Hathor. „Ohne mich verspielst du dein ewiges Leben“, brüllt mir Anubis hinterher. „Klar, Anubis, du bist ja auch für die Mumifizierung zuständig! Ich glaube allerdings nicht, dass ich als Mumie enden will!“, höre ich mich rufen und bin erstaunt über meine eigene Verwegenheit. Aber das wars! Als hätte ich einen Zauberspruch gesprochen, ist der Spuk plötzlich vorbei.

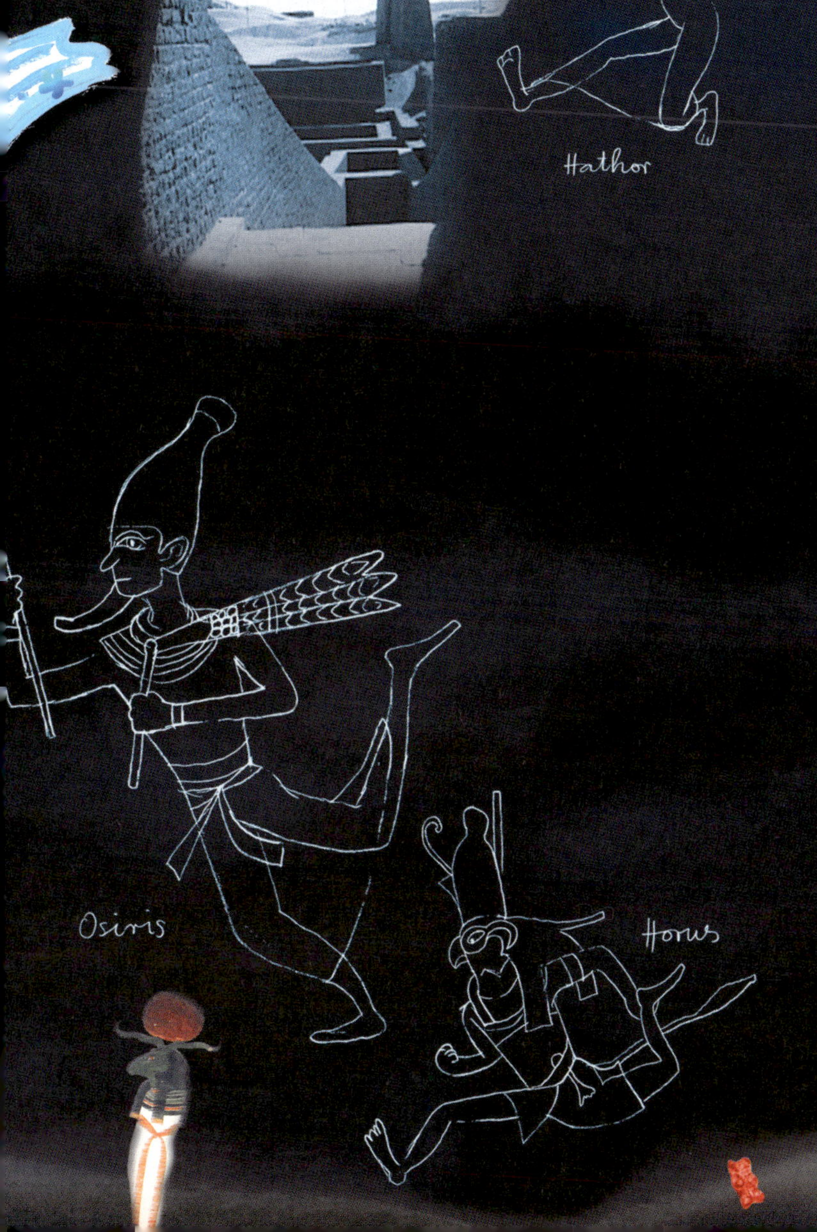

Der Himmel strahlt in hellem Blau, die Sonne scheint, das Fenster zum Balkon steht offen und mein Vater kommt gerade herein. „Wo bin ich?“ „Zuhause wahrscheinlich“, lacht er. „Tut mir leid, dass ich dich gestern im Museum mit den Mumien erschreckt habe. Du wirktest den ganzen Tag wie weggetreten und bist auch ganz früh ins Bett gegangen.“ „Ja, ich war wirklich müde“, seufze ich und bemerke, dass ich immer noch das schöne ägyptische Nachthemd aus dem Palast trage. Meinem Vater ist es seltsamerweise nicht aufgefallen, aber er hat mir ja auch was Wichtiges mitzuteilen, eine Überraschung! „Maria, ich muss nächste Woche beruflich nach Ägypten, ein paar Stücke im Museum anschauen. Und ich habe beschlossen, dich mitzunehmen.“ „Das ist ja großartig, ich habe da nämlich auch noch was zu erledigen und du bist der beste Vater der Welt!“, juble ich.

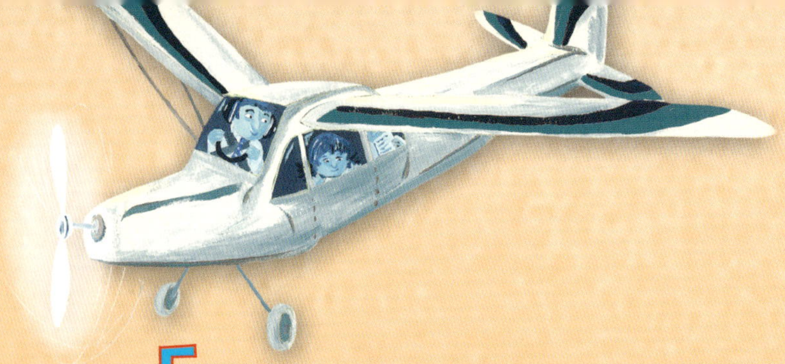

Eine Woche später sind wir in Kairo, der Hauptstadt Ägyptens, einem der größten und chaotischsten Orte der Welt. Und natürlich machen wir einen Ausflug zu den Pyramiden von Gizeh. Ganz früh am Morgen, noch vor Sonnenaufgang, ziehen wir los, weil es später zu heiß wird. Die Pyramiden liegen direkt vor der Stadt in der Wüste und gehören zu den sieben Weltwundern. Schon vor 2000 Jahren reisten Touristen nach Ägypten, um die Pyramiden zu sehen, und damals waren sie schon 3000 Jahre alt. Mit Nofretete haben diese riesigen Pharaonengräber leider gar nichts zu tun. Zu ihrer Zeit ließ man sich aus Angst vor Grabräubern ganz geheime Felsengräber bauen. Schade! Ich frage mich, ob ich Nofretete wiedersehen werde. Mein Vater hat mir in den letzten Tagen eine Menge über sie erzählt. Und endlich habe ich eine Idee, wie ich sie trösten könnte. Aber Zeitreisen gelingen eben nicht auf Knopfdruck, sondern immer nur dann, wenn man es gerade gar nicht vermutet.

MITTELMEER
ALEXANDRIA
GIZEH
KAIRO
SAKKARA
NIL
ACHET-ATON
(EL-AMARNA)
ROTES MEER
TAL DER KÖNIGE
THEBEN

„Komm Maria, such dir ein Kamel aus!“ Mein Vater ist inzwischen mit einem Mann namens Abu Hassan, der Kamele vermietet, handelseinig geworden. Drei Stunden werden wir uns die Pyramiden vom Kamelrücken aus anschauen. „Jallah!“ Abu Hassan treibt die beiden zotteligen braunen Tiere aus dem Stall. Mein Kamel heißt übrigens Nefertiti. Moment mal! Das heißt doch … „Ja genau“, meint mein Vater, „das heißt Nofretete!“ „Wenn das nicht ein Zeichen ist!“ Ich steige auf und bin erstaunt, wie bequem man auf so einem Kamel sitzt. Jetzt kann ich mir auch vorstellen, dass man wochenlang auf ihm reiten kann, wenn man von Oase zu Oase durch die Einsamkeit der Wüste zieht und sich nur von Wasser und Datteln ernährt.

Aber: Keine Chance, sich vorzustellen, man sei alleine hier in Gizeh! Schon nach hundert Metern werden wir angehalten von einem Händler, der uns mit blumigen Worten Seife verkaufen will: „Sehen sie hier, Nefertiti-Seife, macht ihre Haut ganz glatt. Sie werden nie älter werden und immer wunderschön bleiben wie unsere Königin Nefertiti!“ „O Nofretete! Du brauchst dir um deine Unsterblichkeit wirklich keine Sorgen zu machen!“, seufze ich. Zum Erstaunen meines Vaters, der sich mal wieder nur für Archäologie und tote Steine interessiert, kaufe ich dem Mann fünf Seifenstücke ab. Ja, genau fünf! Die Seife riecht gut und auf der Verpackung ist Nofretete abgebildet, die schönste Frau der Welt, nach meiner Mutter …

...Sie lächelt mich an! Dann setzt sie die Sonnenbrille auf. Ich kenne das ja schon. Wieder einmal bin ich in der Vergangenheit gelandet. Wie ich das angestellt habe? Keine Ahnung! Aber Nofretete und das zweite Jahrtausend vor Christus gefallen mir recht gut. „Maria, ich bin ja so froh, dass du mir dieses Aton-Kult-Auge geschenkt hast“, lobt mich Nofretete. Natürlich meint sie die Sonnenbrille. Sie betrachtet sich in einem metallenen Handspiegel und was sie sieht, gefällt ihr offensichtlich sehr. „Keiner hat meine Tränen bemerkt und ich finde, dieses Ding steht mir ausgezeichnet“, meint sie stolz. Ich wette, wenn es in ihrer Zeit schon Handys gäbe, würde sie jetzt sofort ihren Bildhauer Thutmosis anrufen, und sich von ihm mit Aton-Auge porträtieren lassen. Ja, ich stehe wieder mitten im großen Palast von Achet-Aton und spüre trotz Nofretetes Freude über die Sonnenbrille, dass irgendetwas Bedrückendes, Gefährliches in der Luft liegt. Während Nofretete sich weiter im Spiegel betrachtet und ihren schwarzen Lidstrich nachzieht, fliegt plötzlich die Türe auf und ein älterer, unsympathisch wirkender Mann stürmt herein, offensichtlich ein Berater der Königin, aber sicher nicht ihr Freund. Er mustert mich streng. „Sie bleibt hier!“, befiehlt Nofretete und deutet auf mich, bevor der Mann eine Chance hat zu widersprechen. „Welche Neuigkeiten bringt ihr?“ „Nichts Gutes“, antwortet er.

„Die Priester lassen dir mitteilen, dass die Götter zürnen … und du, Nofretete verspielst dein ewiges Leben, wenn du dich nicht endlich wieder den alten Göttern zuwendest. Man wird deine Bilder an den Tempelmauern abschlagen, alle Erinnerung an dich wird verlöschen. Schon in hundert Jahren wird keiner mehr deinen Namen kennen.“ „Nofretete, dieser Mann da hat keine Ahnung!“, rufe ich in die Halle und plötzlich ist es ganz still. Die Diener schauen betroffen in die Luft, der Mann, der Nofretete eben noch Angst machen konnte, sieht mich erschrocken an und Nofretete setzt vorsorglich ihre Sonnenbrille wieder auf. „Welche Beweise hast du vorzubringen?“, donnert mich der Mann an. „Ich werde Beweise vorlegen“, antworte ich, „aber erst sollt ihr mich anhören!“ Ich habe noch nie eine Rede gehalten, aber jetzt muss ich es doch tun. „Ja“, sage ich und sehe den Mann durchdringend an, „ihr werdet es schaffen, Nofretete und Echn-Aton aus eurer Geschichte zu verbannen. Ihr werdet ihre Bilder von den Wänden abschlagen, ihre Tempel zerstören und als Steinbrüche nutzen und die großartige Stadt Achet-Aton werdet ihr der Wüste überlassen. Den Aton-Kult werdet ihr verbieten und eure alten Götter wieder hervorholen und sie noch über tausend Jahre lang anbeten. Das alles wird geschehen ...“

Der Mann nickt selbstzufrieden und schneidet mir das Wort ab. „Dann schweig und geh, rothaarige Fremde …!“ Doch ich bin noch nicht fertig. „Trotz allem habt ihr euch verrechnet!“, verkünde ich triumphierend. Der Mann sieht mich erstaunt an und ich gehe noch einen Schritt weiter: „Ihr hättet wohl nie gedacht, dass es einmal Archäologen wie meinen Papa geben würde, die noch der kleinsten Spur nachgehen, um alles, wirklich alles, über die Vergangenheit herauszufinden.“ „Archäologen?!“, posaunen die umstehenden Diener und fächeln uns noch etwas schneller Luft zu. „Ja, ein Archäologe namens Ludwig Borchardt hat hundert Jahre vor meiner Zeit das Bildhaueratelier in Achet-Aton entdeckt und den wunderbaren Kopf der Nofretete. Außerdem hat man den zerstörten Aton-Tempel in Karnak gefunden und ausgegraben, mit seinen vielen Darstellungen von Nofretete, Echn-Aton und den Prinzessinnen. Aber das ist noch nicht alles. Sogar die Briefe Nofretetes wurden gefunden … Was ich damit sagen will, ist …“ Jetzt mache ich eine kleine Pause. Das ist immer gut, um die Spannung noch zu steigern, bevor man etwas ganz Wichtiges sagt. „Was ich damit sagen will: Noch über 3000 Jahre nach ihrem Tod ist Nofretete eine der bekanntesten Frauen der Welt und die schönste sowieso – außer meiner Mama natürlich!“ Nofretete schaut etwas pikiert in ihren Spiegel. Der Mann ringt nach Luft und verlangt nach einem Becher Wasser, dann versucht er ein letztes Mal, uns einzuschüchtern: „Beweise!“, ruft er. „Ich will Beweise!“

Hoher Besuch auf der Ausgrabung: Prinzen und Prinzessinen aus Sachsen auf Bildungsreise

Immer nur Steine!

6.12.1912: Ein unglaublicher Fund am Nikolaustag

Der Ausgräber Ludwig Borchardt

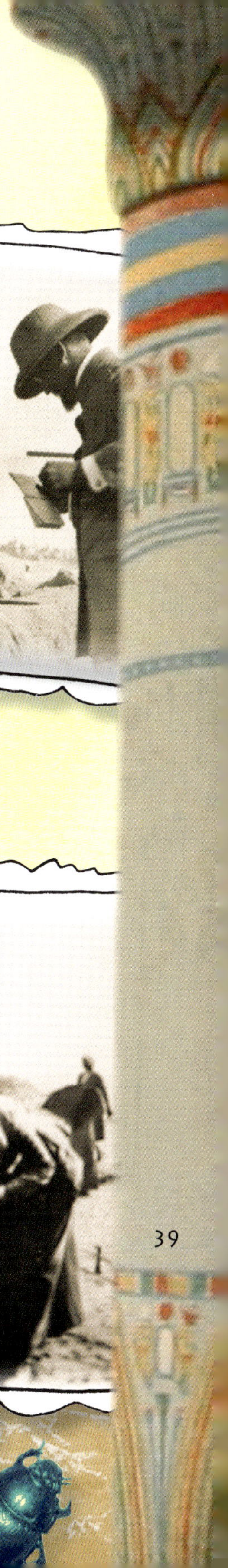

DEUTSCHE BUNDESPOST
20
NOFRETETE BERLIN
Nefertiti:
Living Masterpiece
Permanent Make-Up Isn't a NEW Idea: ...Just a GREAT One!
NOFRETETE
2007
NEFERTITI
Nofretete kommt.

Aber darauf bin ich vorbereitet. Langsam ziehe ich verschiedene Dinge aus meiner Tasche: Mehrere Fotos von Nofretete im Museum in Berlin mit Massen von Besuchern, die die Hälse recken, nur um einen Blick auf sie werfen zu können; die Seife mit Nofretetes Antlitz und alles, was ich sonst noch an Nofretete-Artikeln gefunden habe: einen Lippenstift, ein Museumsplakat, Badezusatz ‚Nofretete'. Noch bevor ich alles ausgepackt habe, ist der Mann verschwunden. Das war wohl zu viel für ihn. Nofretete aber muss vor Lachen weinen und dazu braucht sie keine Sonnenbrille. „Dann hast du also meinen Traum entschlüsselt, Maria! Habe ich Recht? Deine Archäologen werden mich über das Mittelmeer nach Berlin bringen. Ich habe immer noch keine Ahnung, was Archäologen sind und wo dieses Berlin liegt. Aber da ich nun weiß, dass auch du von dort kommst, freue ich mich richtig auf mein zweites Leben!"

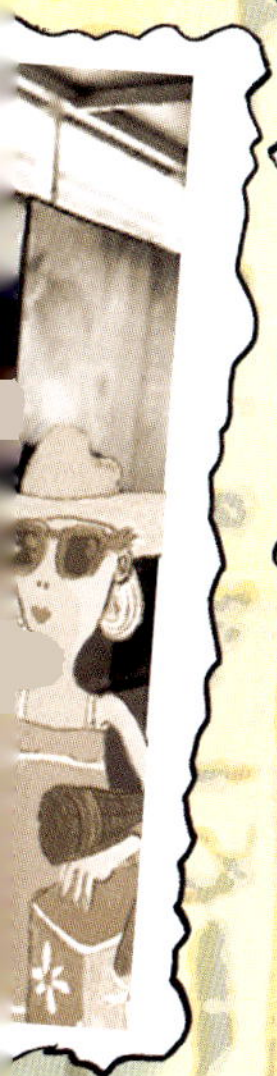

Wir haben uns noch die ganze Nacht über die Zukunft unterhalten. Nofretete wollte so vieles wissen. Leider musste ich ihr auch erzählen, dass ihre düsteren Vorahnungen durchaus begründet waren. Achet-Aton, die schönste Stadt der Welt, verfiel. Die Bilder von Echn-Aton und seiner Familie wurden aus den Tempelwänden geschlagen. Tut-ench-Aton, ein Nachfolger des Echn-Aton, tilgte Aton aus seinem Namen und nannte sich Tut-ench-Amun. Die alten Götter kehrten zurück.

Ich habe Nofretete aber auch erzählt, dass die meisten Religionen der modernen Welt nur einen einzigen Gott kennen. Das hat ihr gefallen. Mit ihrem Aton-Kult war sie eben ihrer Zeit voraus! Über die Seife haben sich Nofretete und die Prinzessinnen übrigens sehr gefreut und natürlich haben sie den Hofparfumeur sofort darum gebeten, das Rezept zu entschlüsseln.

Das fünfte Seifenstück aber habe ich der schönsten Frau Berlins mitgebracht.

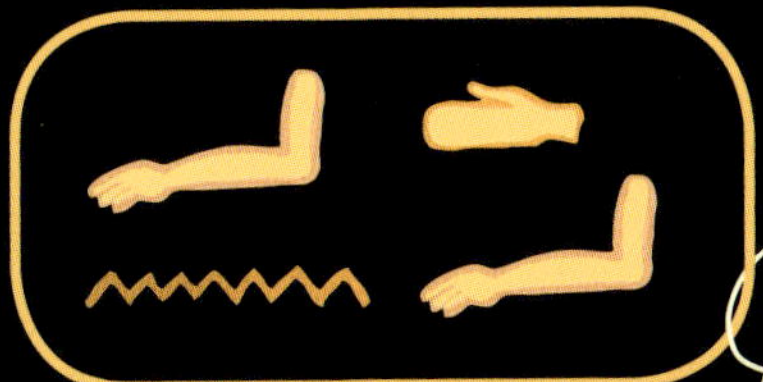

Ende

Das war wirklich aufregend! Natürlich hat mich Nofretete nach diesem Erlebnis nicht mehr losgelassen. Mein Vater hat mir netterweise einen ganzen Stapel Bücher über das Alte Ägypten besorgt. Er freut sich ja immer, wenn ich mich für das interessiere, was auch ihn begeistert. Außerdem hat er mir natürlich jede Menge Fragen gestellt. Wie sah der Palast genau aus? Trug Nofretete eine Perücke? Vor allem aber: Welche Krone hatte sie auf, oder trug sie ihre blaue Lederkappe? Armer Papa! Archäologie ist offensichtlich ein ziemlich hartes Geschäft! Aus wenigen Informationen müssen sich die Wissenschaftler ein Bild zusammenreimen von Zeiten und Menschen, die sie nie gesehen haben. Trotzdem habe auch ich gerne die Bücher gewälzt und noch mehr über Nofretete erfahren, soweit das überhaupt geht. Denn eigentlich weiß man recht wenig über sie.

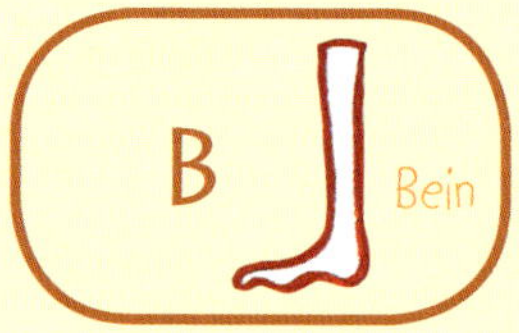

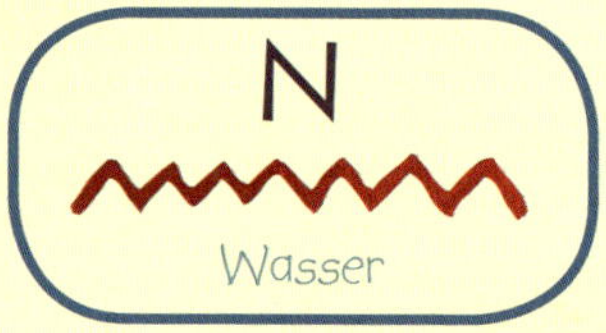

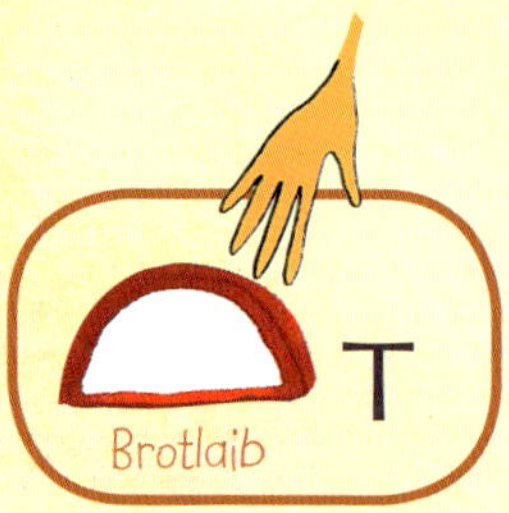

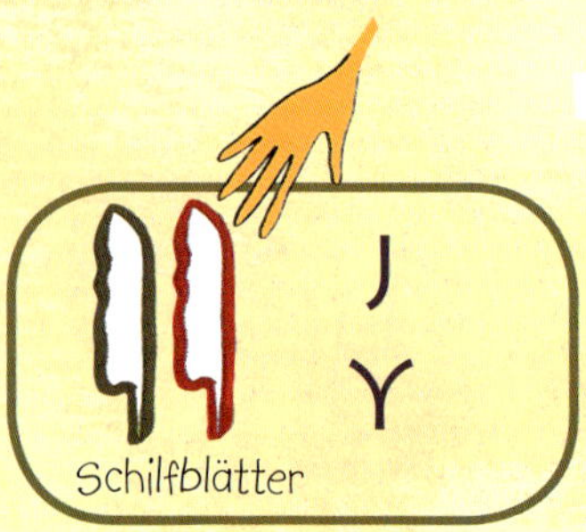

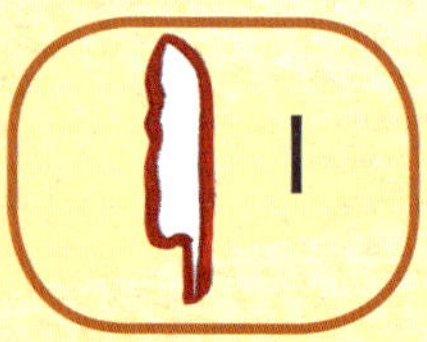

Wann Nofretete geboren wurde, weiß jedenfalls keiner, genauso wenig hat man eine Ahnung, ob sie ihren Mann Echn-Aton überlebte oder nicht. Oder ob sie nach seinem Tod zur Pharaonin aufstieg oder vielleicht schon vorher in Ungnade fiel. Einige Forscher nehmen an, dass sie im 14. Regierungsjahr ihres Mannes, 1338 vor Christus, starb, weil der Name Nofretete danach nicht mehr auftaucht. Andere glauben, dass sie danach unter dem Namen Semenchkare weiterlebte. Jeder Forscher scheint da eine ganz eigene Meinung zu haben. Außerdem vermuten manche, dass die schöne Nofretete schon mit Echn-Atons Vater verheiratet war, der übrigens viele Frauen hatte. Das klingt ziemlich seltsam, scheint aber für altägyptische Verhältnisse nicht ungewöhnlich zu sein.

Fest steht allerdings, dass Echn-Aton und Nofretete sechs Töchter hatten: Merit-Aton, Maket-Aton, Anchesenpa-Aton, Nefer-Neferu-Aton, Nefer-Neferu-Re und Setepenre. Drei davon, die ältesten, habe ich kennengelernt. Von Söhnen ist nichts bekannt. Der kleine Tut, der mir im Palast über den Weg lief, wurde später übrigens Pharao und durch die phantastischen Schätze aus seiner Grabkammer weltbekannt: Tut-ench-Amun, wer hätte das gedacht!

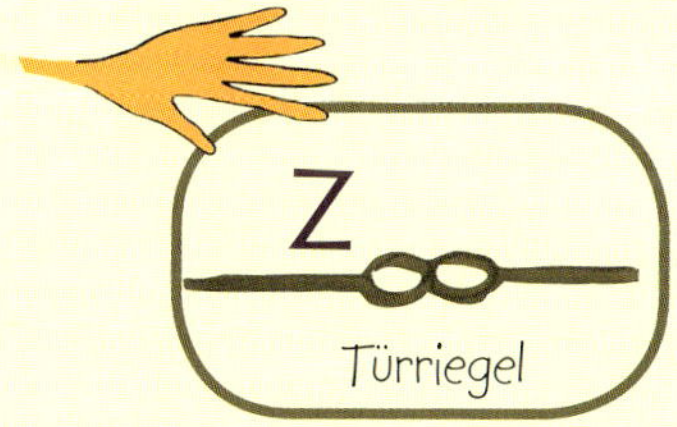

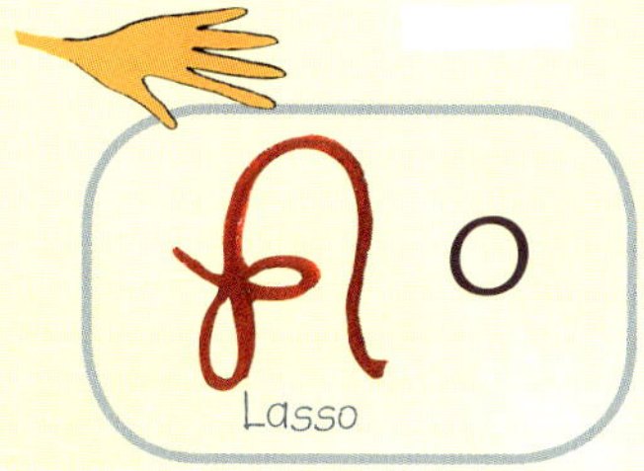

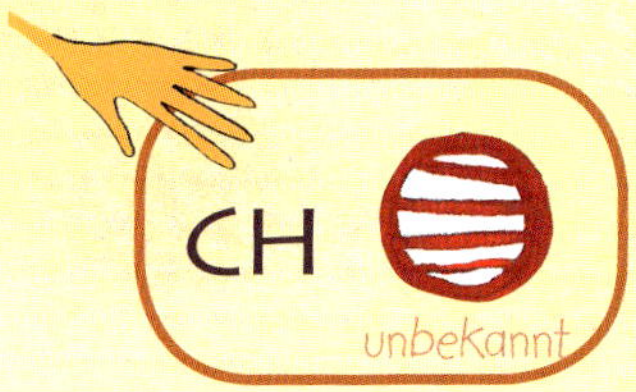

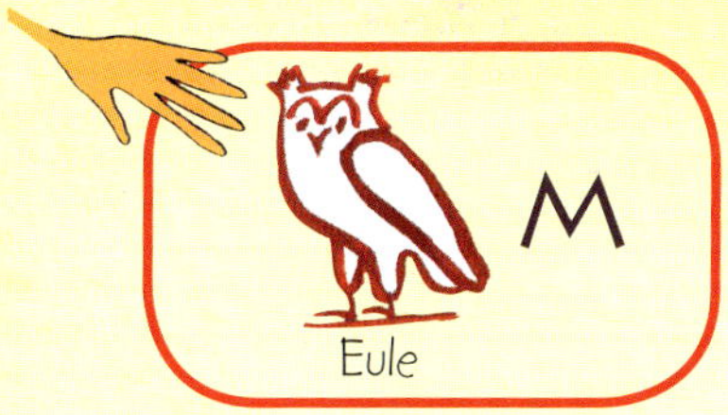

Wie ungewöhnlich Nofretete und Echn-Aton waren, wurde mir erst im Nachhinein klar. Sie tauschten hunderte von Göttern gegen den einen Aton ein, sie entmachteten die Priester, weil sie lieber selbst mit ihrem Sonnengott sprachen, und privat verhielten sie sich wie heutige Popstars. Überall ließen sie Bilder ihrer Familie in Stein schlagen. Für Kunst hatten sie viel übrig. Die Funde aus der Amarnazeit gehören zum Schönsten, was die ägyptische Kultur hervorgebracht hat, und vor allem konnte man wirklich genau erkennen, wer dargestellt war.

Die wunderbare Büste der Nofretete wurde übrigens ausgerechnet am Nikolaustag des Jahres 1912 gefunden. Zwar hatte man in der Bildhauerwerkstatt des Thutmosis vorher schon zahlreiche andere Skulpturen der königlichen Familie entdeckt, aber dass die bunt bemalte Nofretete etwas ganz Besonderes war, wusste der Ausgräber, Ludwig Borchardt, sofort: „ ... lebensgroße bemalte Büste der Königin, 47 Zentimeter hoch ... Arbeit ganz hervorragend. Beschreiben nützt nichts, ansehen.", schrieb er begeistert.

Ich finde, er hatte völlig recht. Besucht doch einfach mal die Berliner Museumsinsel und seht euch die wunderschöne Nofretete an. Danach könnt ihr dann noch den riesigen Pergamonaltar, das babylonische Ischtartor und die griechischen Götter besichtigen. Kein Wunder, dass die Museumsinsel weltberühmt ist und von der Unesco zum Weltkulturerbe erklärt wurde. Falls Ihr euch für Mumien interessiert, kommt ihr in der ägyptischen Abteilung auch auf eure Kosten. Mich persönlich begeistern die Hieroglyphen der Ägypter viel mehr. Ich kann schon ganz gut 'hieroglyphisch' schreiben. Probiert es doch auch mal!

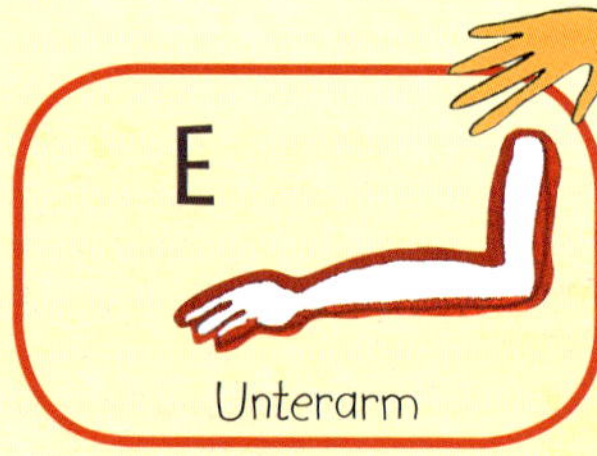

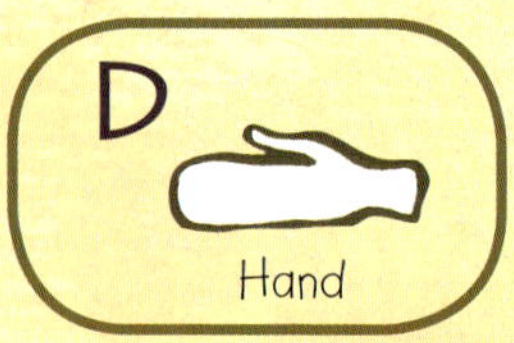

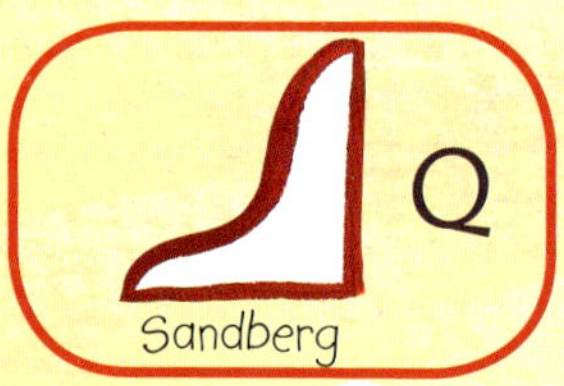